AF472861

LES

AMOURS ET GALANTERIES

DES GRANDES DAMES

DES ACTRICES & DES COCOTTES

CÉLÈBRES DE PARIS

PAR NICOLAS LAMBERT

GENEVE

LEBONDRIL, LIBRAIRE-ÉDITEUR

Avenue du Chemin-Couvert. 25

ET CHEZ TOUS LES MARCHANDS DE NOUVEAUTES

Genève. — Typ. Blanquart, place du Bel-Aire, 2.

LES

AMOURS ET GALANTERIES

DES GRANDES DAMES

DES ACTRICES & DES COCOTTES

CÉLÈBRES DE PARIS

PAR NICOLAS LAMBERT

GENEVE

LEBONDRIL, LIBRAIRE-ÉDITEUR
Avenue du Chemin-Couvert. 25
ET CHEZ TOUS LES MARCHANDS DE NOUVEAUTES

S. J. T. Nde. — Typ. Coquerau, rue des Charb.

PRÉFACE NÉCESSAIRE.

1871.

Avant de publier pour la France, pour qui elles ont été écrites, ces NOTES *parues à l'étranger, qui sont le journal de notre ignominie et le mémorial des malpropretés de l'empire, nous avons à nous humilier devant le public et à lui demander un sérieux pardon.*

Tout ce que les 7, 8 et 10 millions de OUI *révélés par les différents plébiscites contiennent d'abject, de scrofuleux et de malhonnête, s'est acharné à nous accuser de calomnie. Nous venons de relire les épreuves de notre pamphlet; nous le comparons aux horreurs que l'empire nous a fait traverser, au dénouement auquel il nous a conduits, et nous ne savons comment nous excuser d'avoir été si en-dessous de la vérité.*

Ce n'est ni intrigants, ni saltimbanques, ni même voleurs qu'il fallait appeler ces gens-là. L'empire n'a jamais été un gouvernement. La sieste odieuse que des ivrognes ont faite pendant vingt ans au premier étage du palais des Tuileries n'a jamais constitué un règne

Non, tu n'entreras pas dans l'histoire, bandit!

a dit Victor Hugo, dans ses immortels CHATIMENTS. *Il ne restera de toutes ces obscénités morales et politiques qu'une espèce de puanteur imprégnée à nos habits, une sorte de précipité chimique comme qui dirait un verminate d'infamie ou un crapulate de despotisme.*

Dans ces conditions, nous nous sommes demandé s'il était bien patriotique de remettre sous les yeux de la nation le diagnostic social de la maladie inavouable qui nous a rongés pendant si longtemps. Ce qui nous décide à le faire, c'est qu'il est intolérable de laisser penser au monde que 38 millions d'êtres humains ont pu vivre pendant vingt ans avec une taie sur les yeux.

Quand on lira plus tard ces aventures de grandes routes qui se sont appelées jusqu'à présent... l'Empire et que les moins nerveux s'écrieront :

« Comment! les Français ont supporté cet arlequinage plus de vingt-quatre heures? Comment! des hommes réputés sérieux ont laissé ce marchand de crayons leur attacher des croix d'honneur sur la poitrine! Quoi! il est arrivé un jour que ce Lagingole ayant fait semblant d'aller se mettre à la tête d'une armée qu'il faisait semblant de conduire à la délivrance de l'Italie, le peuple de Paris a dételé les chevaux de sa voiture! »

Lorsque, après bien des neiges tombées sur les collines, l'aïeul pourra dire à ses petits enfants pâles de surprise :

« Regardez-bien ce vieillard qui se traîne aujourd'hui sur ses tiges; eh bien! il fut autrefois parmi ceux qui ont été assez jocrisses pour souscrire à un emprunt décrété par Louis Bonaparte surnommé Badinguet! »

Lorsque enfin la génération prochaine refusera d'en croire ses oreilles, il me semble consolant que l'histoire puisse répondre :

C'est vrai! mais lisez les CHATIMENTS, *lisez* NAPOLÉON LE PETIT, *lisez l'*ATTENTAT DU DEUX DÉCEMBRE, *lisez même* PARIS ACTUEL, *Paris sous le Bas-Empire, et vous reconnaîtrez qu'à travers les pattes sales des Piétri et les geôles des Pinard, l'indignation publique s'échappait et allait recruter au loin des soldats pour la vraie France. Il y avait les morts, les désespérés, les aplatis, mais il y avait aussi les vigilants qui guettaient l'heure et dont chaque coup de pioche, de plume et de revolver élargissait le trou d'où allait sortir la République.*

C'était d'ailleurs un fait inéluctable. Il n'y a guère pour les Bas-Empires que trois façons de s'effondrer.

Un révolution militaire;

Une insurrection du peuple;

Une invasion de l'étranger.

Toujours prévoyant, Badinguet a choisi la troisième. C'était la plus cruelle pour la France, mais c'était incontestablement la meilleure pour lui. Il aura été le seul, en effet, à ne pas souffrir du siége de Paris.

Car ce cabotin de banlieue n'a même pas eu

le courage de jouer jusqu'au bout son personnage d'empereur. Il écrivait l'autre jour à un officier anglais une lettre dans laquelle, lui, qui a livré notre patrie au viol, à l'incendie, au chapardage et aux canons Krupp, il la plaignait bêtement « d'être tombée dans l'anarchie! »

Son oncle, le Napoléon premier, qui n'était certes pas de beaucoup moins bandit que lui, avait au moins su empanacher son effronterie avec des phrases de ce genre :

« Je désire que mes cendres reposent au bord de la Seine, au milieu de ce peuple français que j'ai tant aimé. »

Le neveu en est réduit à calomnier la nation qu'il avait essayé d'abrutir, comme ces escarpes qui, sur les bancs des assises, montrent le poing à la victime qu'il n'ont pas réussi à étrangler.

Ainsi ce ruminant que des Morny, des Persigny, des Maupas, des Troplong menaient brouter aux Tuileries, ne possédait même pas les qualités nécessaires à son métier. Quand les pandours qui le tenaient en laisse eurent peu à peu lâché sa corde et qu'il se vit obligé de marcher seul, il se montra immédiatement ce qu'il n'avait jamais cessé d'être : une brute....

Voilà ce qu'il fût, pendant vingt ans.

Et maintenant peuples, écoutez.

LAMBERT.

PARIS

SOUS LE BAS-EMPIRE

Paris, ville éternelle! tu es pontificale et abjecte. On te voit tour à tour t'engloutir dans l'énormité terrifiante de Satan et te redresser dans l'immensité radieuse de Dieu. L'archange et l'hydre se confondent dans ta colossale animalité mêlée de spiritualité avec des alternatives de renversement. Ta vaste fange hideuse est semée d'éclaboussures sidérales; la voie lactée jette des resplendissements dans ta nuit. Il y a sous un de tes pied un vague rayonnement de trépied et sous l'autre un vil obscurcissement de tréteau. Tu contiens à la fois la basilique et la sentine. Subur chez toi voisine la roche Capitolienne.

Les sphinx accroupis dans l'avenir proposent sinistrement aux penseurs ton redoutable problême plein de nuit. Toutes les promiscuités engendrées par le bien et le mal font de tels chaos en toi que ton problème se complique des destinées éparses à travers l'universalité humaine. Tu es, à cette heure, une sorte d'incarnation prodigieuse de l'Europe. Incarnation mêlée de gestation. Toute la quantité de corruption latente dans le continent se confond dans tes profondeurs à toute la quantité d'aspirations surgissant de sa vieille âme. Ton sein, éblouissant et sordide, porte le gonflement de deux mamelles, l'une qui est de lait, l'autre qui est de poison. La mamelle de lait élargie dans un resplendissement de blancheur maternelle, est l'abreuvoir splendide des lèvres de l'esprit. La mamelle de poison, pendante dans un flamboiement farouche, est la coupe sinistre penchée vers les lèvres du corps. Sur toi l'ouverture des Olympes fait des élargissements de clarté : sous toi on ne sait quel entrebâillement de lupanar fait des blêmissements de crépuscule.

Ta formidable horreur énigmatique se compose d'apothéose et de fumier ; ta tête s'avance dans des perspectives de clarté, tes reins se dérobent dans des fuites de nuit. Tu as le majestueux élancement d'une théorie séraphique à travers l'espace et le déhanchement lascif des danses corybantesques sur les monts. Ta dextre, levée vers les profondeurs sublimes, semble ébaucher l'ascension vertigineuse de l'idéale échelle ; ta senestre, baissée vers les profondeurs sinistres, semble précipiter sur des pentes d'ombre des écroulements infernaux.

Au bout de la main levée il y a la coupe pleine de ciel où se posent, comme des colombes, les âmes; Shakespeare, au bout de la main penchée, eut vu le ténébreux chaudron des sorcières de Macbeth.

* Egérie et Canidie. Ce chaudron de Paris d'ailleurs est fournaise. Et la fournaise, bouche qui engloutit et bouche qui vomit, a cette duplicité, l'absorption et la résorption. Penché sur l'obscure et formidable bataille, Paris attise dans les profondeurs pour l'éternel enfantement le monstrueux foyer des dissolutions.

Toutes les faces sinistrement grimaçantes de la laideur, forgées par l'instinct, ce colossal Vulcain caché du masque humain, s'adaptent dans la fournaise aux adéquations de l'idéal infernal. Là s'élaborent les despotismes à face de hyène, les scélératesses à face de tigre, les lâchetés à face de chien, les luxures à face de pourceau. Basile, vague défroque honteuse et couarde, revêt l'informe silhouette fuyante de la calomnie. Tartufe, strabisme, fait d'un louchement la contexture de l'hypocrisie. Vautrin, condensation faciale, sert aux fuites du crime. Et parfois, ces fragmentations de la perversité, tragiquement agglomérées dans une incarnation triomphale, servent à mouler le profil de Lacenaire ou de César.

Toutes les monstruosités, toutes les difformités, toutes les turpitudes, toutes les hideurs, comme des masques de théâtre aux patènes du vestiaire, pendent aux clous de la funèbre caverne Paris, redoutables éventualités d'incarnation. Pourquoi faire ? Pour obéir aux providences noires.

Rien ne bouge : immobilité spectrale. L'heure n'est pas sonnée. Tous ces vagues suaires attendent pour se mettre debout et recevoir leurs incarnations, la mise en demeure sombre du destin : attente pleine d'angoisses. Il y a par terre des tas de choses traînantes qui sont de la vie et des haillons ; un pêle-mêle de linéaments confus brouille dans l'ombre où rien ne se voit et rien ne s'entend, le mystère de ce qui n'est plus et de ce qui n'est pas encore ; des hérissements tragiques et d'effroyables bouffisures remplissent d'horreur tout cet inconnu épars à travers le néant. Rien ne remue : tout est plein de vie. Ce néant tressaille. Ce rien frissonne. Les Caïphes rôdant à travers la nuit font trembler au passage de leur ombre farouche de vieilles déchiquetures ayant la peur d'être choisies. On sent dans les linceuls frémissants l'épouvante et la honte des Charles IX, çà et là répandus dans la possibilité de l'heure. L'attente des Busiris, des Assuérus, des Henri VIII, des Christiern II et des Philippe II épars dans les mains du destin, fait bouger à travers des désirs de fuite, ces tas de vagues défroques obscures qui tantôt seront des Troplong, des Bazaine, ou des Baroche.

L'horreur secoue ces nippes guettées dans les ténèbres par les Olivier le Daim, les Tristan, les Lebel, les Letellier, les Père Joseph et les Dangeau. Le masque redoute la face et conjecture. Puis l'heure tombe sur ce tas de fantômes. On voit apparaître la cohue boîteuse et louche des Robert Macaire, des Vautrin, des Cartouche, des Rodin, des Scapin, des Mascarille, des Loyola, des Escobar, des Richard III, des Shylock, des Cambacérès et des Dupin. La fraude, le parjure, le vol, le meurtre, l'escroquerie, rien ne manque pour faire Mandrin bandit, Borgia pape et Bonaparte César. Surgissement grotesque et sinistre. Hydres et singes. Triboulet met la mître et Bobêche la couronne. Crispin se grime en Lycurgue et Pasquin se drape en Solon. On entend Scapin se nommer sire, Mascarille est monseigneur. Judas a le sénat et Barrabas les portefeuilles. Des joues faites pour les soufflets sont des titres pour les honneurs. Vautrin est juge et Cartouche est préfet. Plus on est marqué à l'épaule, plus on est chamarré dans le dos. Trestaillon rayonne et Pancrace resplendit. Les simarres crottées de boue festoient avec les uniformes poissés de sang. Toute sorte de risées mêlées à toute sorte d'horreurs président à Soulouque embrassant Schahabaham.

Il arrive parfois que toute cette terrible fournaise sert à autre chose qu'à faire souper chez César Trimalcion, Caïphe et Poppée. C'est, par exemple, quand après les hommes éclatants, elle fait les hommes ténébreux.

César a le banquet, mais Brutus a César.

Sous l'empire on a dit Paris mort.

Paris ne meurt pas. Paris est le colossal et permanent travailleur moderne. Bonaparte III s'explique par Napoléon Ier. La France, ce géant, dormait au lendemain de 1815; 1851 lui coupa les cheveux. Badinguet fut le Dalila de ce Samson.

Aujourd'hui, ce triste *parodieur* du premier empereur, ce banqueroutier a profité de Sedan, cette porte ouverte, pour s'évader, laissant la France ruinée, mais debout, mais régénérée par ses malheurs et ses immenses calamités.

* Depuis quand les acteurs, en France, ont-ils la prétention de ne pas faire bande à part? Depuis que la Société des artistes dramatiques est déclarée institution d'utilité publique. Singulière famille, à bien voir, qu'une réunion d'enfants prodigues de tous les âges! Quelques-uns vont si loin dans l'habitude de n'avoir rien à eux, que leur sexe lui-même

est douteux, tant il se prête au travestissement! Péché mignon qui, depuis un demi-siècle, semble servir d'eau de Jouvence à L..., le meilleur jeune premier de Paris; mais qui n'a pas rendu le même service à mademoiselle A. A., sociétaire retirée de la Comédie-Française laquelle pourtant pêcha de complicité avec l'illustre mademoiselle R. On se cotise, entre artistes dramatiques, et le caissier est assez du métier pour ne pas s'étonner un seul instant que des actrices surnuméraires, c'est-à-dire sans appointements, versent entre ses mains les plus fortes souscriptions. Ni acteurs, ni actrices : tous frères!

Pour éviter que la vieille madame Pernelle aille finir à l'hôpital, Tartuffe donne jusqu'à des bals, en annonçant qu'on souscrit chez Elmire, et il s'y prend de cette façon afin d'insinuer tout bas qu'on pourra en faisant danser la grande coquette, tâter l'étoffe moelleuse de son habit, sans qu'Orgon ait à se récrier. Dorine figure également sur l'affiche, et vous pourrez lui jeter le mouchoir sans qu'elle consente à s'en faire un fichu. Tant et si bien que des secours réguliers se distribuent aux invalides du maquillage et du travestissement, mais avec une prudence qui grève le présent au profit de l'avenir, en grossissant toujours un fonds de réserve relativement considérable.

Toutefois y a-t-il là de quoi déraciner le préjugé qui, seul, à empêché Molière d'être de l'Académie française? Ces messieurs et ces dames ne se sacrifient mutuellement que ce qui passe par les mains du caissier moralisateur. Gardez-vous bien de leur rappeler, par exemple, que pas un peintre, pas un sculpteur, pas un homme de lettres sans le sou ne consentirait à ce qu'une représentation s'affichât à son bénéfice. Mademoiselle Schneider, malgré son équipage et ses diamants, n'y regarde pas de si près. Beaucoup moins de talent suffit à d'autres acteurs pour que leur engagement stipule un spectacle extraordinaire à leur profit. Par ainsi, Christian, Pastelot, Tourtois, Faille, Boisselot et mademoi-Nelly, qui ne perdent pas grand chose à être peu connus, ont obtenus successivement dans leurs théâtres respectifs une faveur que ne dédaignent ni Brasseur, ni Ravel, ni Roger, ni Tamberlick, ni mademoiselle Patti, lesquels gagnent plus d'argent, à eux cinq, que tous les directeurs de France, pris en masse. D'origine, la représentation à bénéfice récompensait de bons et longs services, à ce point qu'une corbeille ou bien un plat recevait, à la sortie, les offrandes des spectateurs, quoique déjà ils eussent payé leurs places. Seulement je doute que mademoiselle Laguerre, qui étalait au XVIIIe siècle un faste de fermier général, osât montrer, ainsi qu'une mendiante, la paume d'une jolie main que les baisers enrichissaient assez. Aujourd'hui le plat, dira-t-on, ne paraît plus, et je conviens de ne l'avoir presque jamais vu; mais la quête a changé de forme, sans préjudice de l'augmentation que le prix des places subit souvent. Tout bénéficiaire fait offrir aux habitués notables du théâtre, et dans maintes circonstances aux ambassadeurs, aux ministres, à l'Empereur lui-même, des coupons de loge, qu'on ne prend pas souvent, mais qui toujours provoquent des gratifications. N'étais-je pas encore assez naïf, il n'y a pas longtemps, pour m'étonner qu'une maison, située place d'Angoulême, appartînt à un comédien qui néanmoins, en prenant sa retraite, demandait son pourboire traditionnel au bon public! La Comédie-Française recevait, ce soir-là, les adieux de Maillart, encore jeune bien que depuis longtemps sociétaire. C'est un fort honnête homme que Maillart, je n'en doute pas; mais il se fût retiré sans dire adieu, qu'après lui nul n'aurait couru. Eh bien! laissez-moi vous apprendre que ce comédien, le jour de son départ, pour la première fois a fait recette : il était temps. O succès d'égoïsme!

Les comédiens prennent au sérieux leurs droits à des faveurs. N'attendons plus de ceux qui sont trop payés qu'ils s'en excusent, comme par le passé, en nous disant : — Comptez-vous donc pour rien qu'on puisse nous le reprocher en face?

Ils n'entendent pas mieux raillerie, une fois réunis en corps, sur le chapitre de la moralité. Aurélien Scholl en a su quelque chose.

Que si les acteurs ont à se plaindre d'un préjugé qui reste défavorable à leurs nouvelles prétentions, est-ce à dire que les spectateurs, de leur côté, aient été toujours encensés? On a demandé plus d'une fois de combien de sots se compose le public, et voulez-vous savoir comment Scarron a osé traiter le parterre? « C'est le rendez-vous, disait-il, des filous et de toutes les ordures du genre humain. » Donc la moralité n'est pas mieux réfléchie au delà qu'en deçà de la rampe. Rions-en plutôt que de nous en fâcher.

* Un sieur B. L., qui m'a l'air d'un bon juif, sert honnêtement de caissier à l'Association des artistes dramatiques et à plusieurs sociétés du même genre; mais il n'est que l'agent salarié du baron T., grand moralisateur, qui s'arrange bien aussi pour imiter le prêtre en ce que le prêtre vit de l'autel. Le baron a presque dicté à Eugène de Mirecourt sa propre biographie, qui a paru dans les *Contemporains;* en revanche, il n'a rien écrit ni dessiné lui-même de ce qui lui a fait une réputation d'archéologue, avec laquelle il est entré en philanthropie tout de go, à beaucoup moins de frais assurément que s'il fût entré en religion. Commandeur de tel ordre, officier de tel autre, il figure également au nombre des chevaliers de la rosette. Un valet de chambre, qui n'en pouvait douter, a introduit sans le moindre scrupule plus d'une jolie femme chez son maître, alors qu'il était moins cassé que présentement : par exemple, il n'ouvrait la porte à aucun homme plus jeune que Dauzats, moins scrofuleux que Bellel, sans crainte de se voir supplanter dans une

place de confiance comme on n'en retrouve pas partout. Le baron, s'il flairait un collaborateur, n'en voulait pas reculer la visite; mais, avant qu'on ne fît entrer cet inconnu, papiers et livres s'étalaient avec art pour cacher le désordre d'un lit habitué aux plus grasses matinées, et l'ingénu était toujours confus de déranger le savant dans un travail qui paraissait toujours commencé de la veille.

* Plus d'un autre écrivain, ma foi, aussi connu que le baron, pourrait être non moins défié d'entrer en loge pour en sortir avec de la copie. Par exemple : le père Delamarre, de la *Patrie ;* Polonnais, de la *France ;* Gabriel, vaudevilliste ; Dunan-Mousseux, vaudevilliste, journaliste et marchand d'habits; Leroux de Lincy, archéologue; Millaud, journaliste, vaudevilliste et banquier; Mirès, ancien compère du précédent; de Villemessant et Legendre, du *Figaro.* Rien de plus anonyme que ce qu'ils signent tout seuls; toutefois ils ont pu en indiquer le sujet au pauvre diable qui l'a traité pour eux.

* Le docteur V., malheureusement pour lui, ne se contente pas de signer. Il commence par dicter, c'est encore pardonnable, puisque son secrétaire corrige; mais il com-

met une faute bien plus grande, en se réservant le droit de revenir par-ci par-là, sur les épreuves, à la version orale. Par conséquent, le docteur a un style, dont vainement Malitourne a tenté de le purger et qui l'apparente à la fois avec M. Prudhomme, avec Jocrisse, avec M. de la Palisse. Sa seule vertu consiste à ne jamais écrire en tête-à-tête avec son encrier. Il ferait même meilleur marché qu'on ne croit de sa littérature quelque peu politique, mais plus souvent anecdotique, si elle ne flattait pas constamment sa marotte d'avoir eu, en affaires, la main toujours heureuse. V., en effet, s'est élevé fort au-dessus de l'état de boucherie que tenait sa sœur, et il a toujours refusé de recevoir dans sa voiture un frère cadet dit Regnault, qui lui servait de commis dans l'exploitation de la *pâte Regnault*, avant d'être mieux casé dans les tabacs. Mais s'il a joué de bonheur à l'Opéra, en qualité de directeur, c'est que M. Meyerbeer a prêté 100,000 francs pour y monter *Robert le Diable*, qui n'a vu le jour qu'à ce prix. En quittant cette direction, V. disait : Je suis millionnaire !... Malheureusement le tambour n'était pas trop loin de la flûte ; les revenus du rentier se laissaient surmener par des attelages, par le café de Paris, par une grande tragédienne et par d'autres étoiles, moins brillantes, mais aussi peu fixes. L'ancien *impressario* payait d'audace, décidé qu'il était à mener jusqu'au bout le même train de vie ; néanmoins en dinant un soir avec E. A., au café de Paris, il laissa échapper ces mots : Si je ne réussis pas à me faire élire député, au premier renouvellement de la Chambre, mon cher E., je me brûle la cervelle... Cette candidature politique du désespoir n'avait alors aucune chance de succès ; il fallait un miracle pour la faire réussir, et la révolution du 24 février 1848 en fut un pour l'ami E. A. Comme le bienheureux docteur avait antérieurement acquis, à un prix raisonnable, la gérance d'un journal, il profita de l'accroissement d'influence inhérent à cette position pour se faire nommer représentant du peuple, et puis, avec une habileté qui fut pourtant mal appréciée par les actionnaires de sa feuille, il sut se réaliser d'énormes bénéfices en aliénant tous ses droits sur celle-ci. Depuis que sa bonne étoile a lui sur ce coup de maître, V. est riche pour tout de bon ; il peut impunément recevoir à sa table Sainte-Beuve, l'exigeant parasite, qui dîne aussi chez la princesse Mathilde. Aussi bien mademoiselle B., de l'Opéra-Comique, ne se gêne guère pour lui faire dégager du Mont-de-Piété ses diamants, à chaque reprise du *Domino noir*, de *Lalla-Rouck* et de plusieurs autres pièces du répertoire.

* Au même théâtre que mademoiselle B. est attachée mademoiselle T., une jolie femme, qui fait très-bien de chanter sans prétention. Elle fait encore mieux chanter une autorité financière, qui gouverne sous le nom de F.

* Et vous, mademoiselle G., serez-vous assez bonne pour me permettre d'emprunter aux échos du Théâtre-Lyrique et de l'Opéra-Comique de légères indiscrétions qui ne vous sont pas étrangères? Si je porte à l'avoir de votre petit cœur l'acteur G., qui jouait les pères nobles, le directeur C. et le librettiste L., c'est uniquement pour que vous me sachiez un chroniqueur bien informé.

* Jusqu'ici on pose *zéro* à l'actif de madeselle M., la meilleure élève de Duprez; mais de Paris à Lyon, de Lyon à Paris, elle est suivie par un adorateur, dont la stature et l'encolure se remarquent, et il se contenterait du bon motif.

* On attribuait tout autant de vertu à la

célèbre mademoiselle R., alors que sa réputation commençait au Théâtre-Français. Par malheur, peu de temps après, le docteur V. savait à quoi s'en tenir : il n'en laissa pas moins courir le bruit que son crédit venait de lui faire obtenir ce qu'un petit manant avait eu réellement, à Lyon, pour un sou de pommes, plusieurs années auparavant. Mademoiselle R., de plus, se partageait entre ce galant d'un âge déjà mûr et un plus galant conducteur des messageries Laffitte et Caillard.

* Le cœur de la même femme, un peu plus tard, semblait appartenir exclusivement au comte W. Mais un méchant acteur du nom de S., qui joue encore la comédie, avait dit : — Part à deux !

* Il est vrai que le comte avait une autre maîtresse dans mademoiselle A. A., qui ne s'en consola qu'en occupant auprès de sa rivale la place de l'infidèle amant. W. faisait jouer en ce temps-là, sur la scène de la rue de Richelieu, une mauvaise pièce en 5 actes, dans laquelle tous les personnages changeaient de toilette plusieurs fois par heure, absolument comme l'auteur de l'ouvrage.

* Quelquefois même la tragédienne illustre

ne se contentait pas d'un seul amant de cœur. A. B., le père d'un de ses enfants, n'eut-il pas jusqu'à une doublure? Sans jeu de mot, c'était un *calicot*. Que serait-ce donc si nous portions en compte les caprices de mademoiselle R., et les audiences qu'elle donnait dans sa loge, un peu avant le lever du rideau, pour se mettre en train, disait-elle?

* Plonplon, son dernier protecteur, ne la gênait en quoi que ce fût. Elle avait donc donné près de sa personne l'emploi des grandes utilités à C., qui le remplissait déjà et le remplit toujours à la Comédie-Française. Le départ héroïque de Plonplon pour la Crimée eut lieu pendant que mademoiselle R. donnait encore des représentations en Russie, avec une troupe ambulante. Une promotion prématurée, qui ne pouvait être due qu'à l'amour, avait fait C. premier sujet de cette troupe. Mademoiselle R., qui s'étonnait encore de ce que Plonplon voulût tâter de la gloire militaire, apprit bientôt qu'il avait la colique et qu'il se disposait, sous ce prétexte, à regagner la France; c'est alors qu'elle dit à C. : — A la bonne heure! je reconnais là mon gaillard. Toutes les émotions trop vives lui produisent le même effet!

* Pauvre Plonplon! il a de tout essayé : galanterie à grandes guides, petits soupers on ne peut plus Régence, archéologie, beaux-arts, industrie, diplomatie, politique, éloquence, et autant de coups d'épée dans l'eau! Il était l'héritier présomptif d'un cousin, qui venait d'épouser une femme incapable de le rendre père, et pourtant il arrive un jour où la naissance d'un garçon renverse de si belles espérances. Douter est souvent le plus sage, en ce qui regarde la paternité, dont la recherche est interdite en France; mais pour cette fois, par extraordinaire, la vraie mère est seule inconnue. On promet à Plonplon, pour qu'il en garde le secret, de lui faire faire un excellent mariage.

* Heureux père de cet enfant, Badinguet tient parole à son cousin. Mais le beau-père de ce dernier exige tant d'avantages pour lui-même, avant et après le mariage, que Badinguet finit par se fâcher. Son brutal de cousin montre de nouveau les dents; il va jusqu'à dire : — L'enfant est de toi, c'est déjà un progrès, car tu n'es pas le fils de ton père.... Le fait est que Badinguet ressemble comme deux gouttes d'eau à V., le marin hollandais. Mais comme il n'est pas toujours bon de

laver son linge sale en famille, les deux cousins auront beaucoup de peine à se raccomoder tout à fait.

* Madame Badinguet, qui connaît deux manières de faire fausse couche, avait D. pour médecin, étant demoiselle, et ceux-là mêmes qui lui reprochaient alors beaucoup trop de désinvolture, étaient forcés de lui reconnaître des charmes. Or, avant de mourir, D. n'avait pas craint de faire l'aveu que voici : — J'en ai toujours compté à mes clientes, pourvu qu'elles en valussent la peine, et c'était ma meilleure façon de les soigner. Je veux dire, la main sur la conscience, que je n'en ai presque pas trouvé de rebelle à cette médication, qui m'a valu toute ma réputation.

* Quant à la mère de madame Badinguet, n'a-t-elle pas été du dernier bien avec P. M., qui aujourd'hui siége au Sénat ? Un charmant écrivain, du reste !

* La princesse M. est grande avec Sainte-Beuve, qu'elle reçoit périodiquement, qu'elle a fait nommer sénateur. Il est vrai que cet obligé portant perruque la traite de grande artiste, dans une biographie, où il la prend sans doute pour M. de N., familier le plus assidu de la maison. La familiarité de l'artiste favori s'est

cru permis jusqu'à des coups de cravache, qui ne dispose que mieux la princesse à goûter les aménités peu désintéressées du protégé crasseux. L'intimité ne l'avait pas mieux traitée de la main droite que de la main gauche, cette femme si haut placée, car son mari avait donné l'exemple trop suivi par M. de N. Quant à ses libéralités, elles ne rayonnent autour de son château de Saint-Gratien que dans un cercle singulièrement restreint. La princesse n'a-t-elle pas pris, un beau matin, à l'établissement thermal d'Enghien, un bain qui ne lui a coûté, fleurs, aubade, cantate et service compris, que 50 centimes de pourboire? La cantate valait pourtant mieux. à elle seule, que l'éloge signé Sainte-Beuve.

* La princesse de S., l'Égérie d'Aix-les-Bains, se montrait beaucoup plus sensible aux charmes de la poésie, bien qu'elle eût déjà l'oreille dure. A. de M. et F. P., en s'élevant tour à tour au niveau de son infirmité, lui ont dit si haut : *Je vous aime*, que l'écho le redit encore au bord du lac du Bourget. Un roi lui-même, Victor-Emmanuel, ne fit-il pas comme l'écho? Quel malheur pour Aix-les-Bains que madame de S., maintenant R., subisse les rigueurs de l'exil pour

avoir diffamé M. Tailleur. Ce père, qui au lieu de recourir deux fois à une agence matrimoniale, a donné pour épouse sa fille naturelle à son fils légitime, n'est pas qu'un personnage idéal; son nom traduit en allemand, est celui d'un haut personnage aux services duquel tient l'empereur des Français, et le roman allégorique n'a servi de vengeance à la princesse qu'en entrainant les plus sévères reprises. Elle et la roulette sont deux pertes trop rapprochées l'une de l'autre, pour la ville d'eau dont nous parlons.

* Si le roi d'Italie a perdu la Savoie, les compensations ne lui manquent pas, sans compter que son gendre sait tout faire, voire même de la démocratie. Quant aux journaux de toutes nuances qui servent Victor-Emmanuel, ils sont subventionnés par son gouvernement, sans la plus petite exception. Exemple : le *Journal des Débats* reçoit par an ses 80,000 livres italiennes. De plus les journalistes demandent et obtiennent force rubans verts.

* E. L. est parvenu à en faire mettre un rouge à la boutonnière de S., dès qu'il a cessé d'exercer la profession de comédien. Il y a là évidemment de quoi consoler l'ombre de Talma. Mais E. L., qui de naissance est le

poëte des femmes, ignore certainement que madame S., qui s'était mariée avec S. bien qu'enceinte des œuvres de F. L., mourut plus tard épileptique en se plaignant des mauvais traitements du comédien, et que madame C., sa belle-mère, se suicida pour en être délivrée.

* Pas de souvenir accordé à ces deux malheureuses dans la biographie de S. Seulement voulez-vous savoir pourquoi S., sociétaire de la Comédie-Française, a été si fort ménagé par Eugène de Mirecourt, dans les *Contemporains?* C'est que l'Israélite V., secrétaire de l'administration du même théâtre, avait fourni les premiers fonds pour ladite publication, à une époque où la magistrale influence de S., à la Comédie-Française, ne l'autorisait guère moins que s'il eût été directeur.

* Quelle lacune se trouve également dans toutes les notices consacrées au maréchal de S.-A. Il s'agit pourtant d'une scène qui se passa aux Tuileries. L'empereur y confiait un jour au général C. que dans son propre secrétaire, il manquait 200,000 francs depuis la veille, et que pareil déficit ne se produisait pas pour la première fois; le général sans perdre une minute, en allait avertir le maréchal,

qui lui demanda : — Soupçonnez-vous quelqu'un ? — Oui, monsieur le maréchal, dit-il ; quelqu'un qui ce matin, a attendu l'Empereur dans son cabinet de travail. — Prenez garde, reprit S.-A. ; on peut bien y avoir introduit beaucoup de monde. — Deux personnes seulement, ajouta C., et comme je suis la seconde, je ne veux pas qu'on puisse me soupçonner d'une discrétion intéressée.

Le soir même un duel aux lanternes eut lieu dans le jardin réservé du palais, entre le maréchal et le général, ce dernier y perdit la vie ; le vainqueur y gagna tout de suite le commandement en chef des troupes de Crimée.

— A. D., l'élégant peintre de chevaux, ne se tira pas mieux d'une autre affaire d'honneur, qui ne fait tout au plus honneur qu'à la bravoure du colonel F. Était-ce pour le portrait de Napoléon III, fait par D, en 1853, ou bien en raison d'autres travaux, que F. avait reçu 20,000 francs, avec ordre de les lui remettre ? Toujours est-il que n'en ayant pas touché plus de la moitié, l'artiste réclamait le reste. De là le différend.

* Vers le même temps, ce colonel rendait à Badinguet un genre de service que Louis XV attendait seulement d'un valet de chambre,

qui se nommait Lebel. Un jour que mademoiselle C., des Variétés, devait jouer au pied levé le rôle de sultane favorite, sous les auspices dudit eunuque, force fut au dernier moment d'y renoncer : l'émotion de mademoiselle C. était si vive qu'elle lui tenait lieu de purgatif. Ce contretemps ne priva pas la belle d'une indemnité de déplacement ; mais ordre avait été donné, en raison de sa position particulière, de ne la payer qu'en papier.

* Citons aussi madame D. parmi les femmes de théâtre qui eurent successivement les honneurs du mouchoir, avant M. B., avant C. M. Plus exigeante ou moins indemnisée que toutes les autres femmes qui étaient introduites sous les mêmes auspices dans le même pavillon, elle en sortit de massacrante humeur. Le lieu même réveillait peut-être quelques souvenirs entraînant une comparaison, et le fait est que le duc d'Orléans, un amant d'autrefois, n'avait pas eu grand'peine à se montrer plus tendre que l'expéditif Badinguet. L'aide de camp de ce dernier, lorsqu'il reparut chez l'actrice, fut reçu avec un sans-façon qui n'excluait la crudité ni des calembours ni des gestes. — Voilà pour vous, finit-elle par lui dire, en exhibant ce qu'elle appe-

lait une raie, et si vous voulez voir un autre poisson de table, qui s'accommode à la maître-d'hôtel, regardez-vous dans une glace. — Décidément nous avons eu affaire, s'écria l'autre, à une ancienne poissarde.

* Or le père de madame D. descendait d'une noble maison d'Irlande, dont une branche, établie dans les Flandres, avait servi l'Autriche avec distinction et donné un député aux États de Hainaut, le major P. de R. Néanmoins une fripière de Bruxelles donna le jour à madame P., chez laquelle on jouait rue Laffitte, à Paris, pendant qu'elle élevait trois enfants, dont l'un devint madame D.

* Feu D. remplissait les fonctions de chef d'orchestre, au vaudeville, et sa femme était pensionnaire du même théâtre au moment où se prononça judiciairement la séparation des époux, forcés de se retrouver face à face tous les soirs comme s'ils étaient étrangers l'un à l'autre. La femme en riait sous cape; mais le mari?......

* Une sémillante danseuse de l'Opéra, mademoiselle P., sœur de madame D., ne parvenait-elle pas à dérider le front soucieux du général Cavaignac, lors même qu'il était chef du pouvoir exécutif?

* Un original, le baron C. de L., qui demeurait alors au-dessous de madame D., dans une maison de la rue Neuve-des-Capucines, payait secrètement de singuliers services à la femme de chambre de sa voisine. Cette fille, en faisant le lit de sa maîtresse, recueillait tous les petits cheveux qu'elle y trouvait, et le monsieur en faisait collection. Rarement la récolte faisait faute; mais il fallait qu'on la passât au crible, quand l'ivraie masculine se mêlait au bon grain. Pour la chute de ce genre de feuilles, l'automne jamais ne finissait. La chambrière en vint malheureusement à se laisser surprendre par madame D., qui, d'un petit salon contigu, la voyait se pencher sur les sillons du drap de dessous, et puis former de son étrange moisson une petite mèche. Les aveux de la coupable ne l'ayant pas sauvée, comment ne pas se venger d'une disgrâce qui la mettait sur le pavé? Elle prit congé du voisin en lui disant que l'étage supérieur ferait bien de recourir à la pommade du lion. Eh bien! l'original collectionneur est mort avant de s'être séparé du fameux bouquet, qu'il montrait à tous ses amis, mais qu'il ne se flattait pas d'avoir cueilli lui-même. Les héritiers aimaient

assez qu'on se le disputât aux enchères ; mais c'était surtout un souvenir précieux et rare pour l'adjudicataire réel, qui se cachait derrière un mandataire, et madame D. elle-même était cet adjudicataire.

* Même en plein jour, vous trouverez de quoi rire au théâtre du Palais-Royal, quand vous y voyez les trois sourds qui font partie de l'administration. Ce sont : Plunkett, l'un des deux directeurs ; Pélissié, sous-secrétaire, et Laurent, caissier du théâtre. Si l'on crie fort, ils finissent par entendre. Mais lorsqu'aucun témoin ne les gêne, ils préfèrent se parler par signe. Leurs trois cabinets sont placés du côté de l'entrée du public ; sans cet éloignement, toutes les représentations seraient troublées par des éclats de voix qui, à la longue, fatiguent énormément les oreilles tendres. Puis, que de quiproquos sont dus à cette triple infirmité : coïncidence et conséquence qui égaieraient le public et feraient recette !

* Ce théâtre, où les directeurs font leurs affaires, est bien plus petit que ceux où l'on se ruine. Pourquoi donc les proportions des nouvelles salles s'exagèrent-elles de plus en plus? Passe encore si le prix des places se modifiait en sens inverse. C'est surtout pour les riches

qu'on bâtit aujourd'hui, même quand il s'agit d'un théâtre du drame ; c'est pour eux qu'on ménage jusqu'à des escaliers particuliers, dans les dispositions du nouvel Opéra ; pour eux qu'on établit des loges à salon, inaccessibles aux regards des curieux qui circulent dans le corridor. Remarquez pourtant que l'annexion d'un petit salon, éclairé comme par une veilleuse et toujours garni d'un divan, rendait énormément utile, au point de vue des mœurs, la conservation d'une lucarne par loge, qui ne subsiste plus que dans les anciennes salles. La baignoire souriait aux amoureux timides ; mais la loge à salon les enhardit par trop. Chaque fois donc que le baron H. disparaît, au lieu d'apparaître, dans une loge du Théâtre-Lyrique, il faut bien le croire enfermé avec une actrice du Vaudeville, mademoiselle F. C., laquelle perçoit de seconde main tout son traitement de sénateur.

* Aussi bien pour un grand acteur, il y en a tant de petits, au positif tout comme au figuré ! Leur voix grêle se perdra dans les salles gigantesques, et pour y arpenter la scène ils cacheront tous des échasses dans leurs bottes. C'est au Palais-Royal que devraient signer un engagement à vie : Gil-Pérès, Saint-Cer-

main, Grenier, Raynard, les frères Lyonnet, Aurèle, Jourdan, Troy, Duprez fils, Monrouge, Paul-Laba, Laute, Lacroix, Paulin-Ménier, Bousquet, Machanette et d'autres lilliputiens de la scène, parmi lesquels il se trouve des bossus, tels que Poulet, Rubel, Colbrun, et des poussahs, dont Josse donne le type.

Et les juifs? On en compterait une douzaine dans le personnel dramatique. Rien que dans les silhouettes de l'Opéra-Comique, combien de profils hébraïques! Prilleux, Crosti, Nathan et Palianti, côté de la barbe; Cico, Bélia, Girard, Galli-Marié et Tual, côté de la gorge, et ce n'est pourtant pas par là que Cico et Galli-Marié se distinguent de Montaubry. J'en passe, au reste, sans pouvoir dire que ce sont des meilleurs. Mais où l'israélite foisonne principalement, c'est sur l'estrade des salles de concert. L'Allemagne envoie maintenant en France tout autant d'artistes d'élite qu'il en faut dans le monde entier pour composer toute la musique nouvelle et pour exécuter tous les chefs-d'œuvre qu'elle ne fait pas oublier; sur cinq de ces Allemands, généralement si dignes d'un bon accueil, il y en a souvent quatre de juifs.

* La statistique n'en trouverait pas tant

dans les rangs de la littérature française. Toutefois voulez-vous des noms? Léon Gozlan, Nuitter, d'Ennery, Paul Foucher, madame Victor Hugo, Millaud, Mirès, Pauchet, A. Crémieux, Desolme, Commerson, les Halevy, Cerfbeer, Lambert-Thiboust, Marc-Fournier, Lireux, Marc-Monnier, Marc-Michel, Marx, Léo Lespès, Jubinal, Cohen, Pollonnais, Schiller, Couailhac, Siraudin, Nérée Desarbres, Choler, Anicet-Bourgeois, Blum, Abraham, Scholl, Zaccone.

* Le plus hardi et le plus convaincu des enfants de Juda est Alexandre Weill, qu'on rencontre souvent avec une marchande de modes, qui est sa femme. Les deux époux se trouvent tout aussi beaux et tout aussi jeunes l'un que l'autre. Journaux et livres, par exemples, leur rapportent beaucoup moins que les chapeaux.

* Victorien Sardou, lui aussi, peut fort bien appartenir à la tribu d'Israël, ainsi que sa femme, née Léon, qui a d'abord fait avec lui du spiritisme et maintenant collabore à ses ouvrages dramatiques. Trouverait-on, la liste fût-elle complète, deux plus beaux noms que Gozlan et Sardou, pour l'ouvrir et pour la fermer?

* Ce qui n'a pas empêché Léon Gozlan, pendant la République, de donner des leçons de littérature française aux jeunes pensionnaires d'un couvent.

* Les juifs moins lettrés sont plus riches. Voyez plutôt G. et sa femme, qui trônent presque toujours à l'Opéra et aux Italiens, dans une première de face, et qui, tous deux portent de gros diamants, à m'en dégoûter tout à fait. Faut-il que l'on soit indulgent pour échanger avec eux des poignées de main, voire même des saluts! Les millions de G. étant d'origine russe, il ne peut plus remettre les pieds en Russie, où son absence fait vivement regretter que les condamnations prononcées en police correctionnelle n'entraînent pas le droit d'extradition. A Paris tout le monde est chez soi. Y demande-t-on jamais à l'opulence d'où elle vient, si l'on sait où elle va? M. et madame G. reçoivent magnifiquement le monde officiel; le ministre A. F. est de leurs amis, et le maréchal M., avant de mourir, a marié son fils avec leur nièce, à cause de la dot. *Proh! pudor!*

* Une autre figure originale était celle du docteur K., né dans la même religion que le financier d'exception à qui nous venons de

signer un passeport pour la postérité. Mais K., conseiller aulique du roi de Prusse, avait un peu de tout, voire même un peu de médecine. Des relations diplomatiques lui valaient assez d'autorité pour forcer la porte de tous les salons parisiens. On le recevait toujours une première fois sans se rappeler qu'on l'avait engagé; puis il devenait l'ami de la maison. C'est assez dire qu'il était homme du monde. Il avait à son tour ses jours de réception, et si vous répondiez à son appel, vous passiez la soirée en bonne compagnie, avec le prince de Talleyrand ou M. de Humboldt, ou bien la veuve de Benjamin Constant pour doyen d'âge. Ah! par exemple, dès qu'on tombait malade, arrivait le docteur allemand. Il prodiguait à titre officieux des avis, qu'on suivait ou qu'on ne suivait pas, et il revenait quand même, avec assiduité, tant que la guérison se faisait attendre. C'est ainsi que K. sillonnait en voiture le pavé de Paris, sans trêve ni merci, pour visiter tous les jours cent malades, qui gardaient presque tous un autre médecin de leur choix, mais qui recevaient avec attendrissement les consolations d'un ami prévenant, savant et homme d'esprit. En cas de mort, l'ami changeait de ton immédiatement avec les héritiers ; il leur présentait la note rétrospective des visites qu'il avait pu rendre, y compris celle du premier de l'an. K. n'en faisait ni plus ni moins, le lendemain du jour où Marie Duplessis, femme galante, encore jeune, avait fermé les yeux.

* Cette cliente malgré elle de K. avait vécu pendant un certain temps avec A. D. fils, lequel avait trouvé en elle-même sa véritable *Dame aux Camélias*. Évidemment le poëte n'a jamais soupçonné que la muse de sa jeunesse faisait une enseigne lucrative des fleurs dépourvues de parfum qu'elle portait sans prédilection. A l'époque où Marie Duplessis florissait, on l'apercevait tous les soirs dans quelque loge d'avant-scène, avec un bouquet blanc ou rouge. Le rouge voulait dire : Je ne suis pas enceinte, j'en ai la preuve. Et le blanc : Je suis libre pour la nuit.

*. On croit que madame K., avant de se marier, fut servante d'auberge et actrice en Allemagne. C'est sans doute trop de la moitié. La bonne contenance qu'elle gardait toujours à l'Opéra, aux Italiens, au bal, sous les rivières de strass dont elle s'inondait, nous la fit d'abord prendre pour madame Bourgui-

gnon ou pour madame Ruolz. Chaque fois qu'on trouvait chez M. de Rambuteau, le lendemain des bals, un collier de perles fausses ou une broche en doublé, on faisait remettre l'objet chez madame K., suivant l'ordre exprès du préfet, avec des précautions d'autant plus délicates qu'elle ne l'avait pas réclamé. On lui faisait la cour, pour être présenté dans les meilleures maisons où elle allait, et pour obtenir une place dans les nombreuses loges qui ne lui coûtaient rien.

* Du reste, elle avait de jolies dents, assez de gorge, la langue bien pendue; toute sa petite personne était d'une pétulance à ne s'endormir ni sur les marguerites cueillies au printemps, ni sur la rhubarbe conjugale : on pouvait l'aimer pour elle-même. Le marquis H. de la C., qui fut assez longtemps son cavalier, resta toutefois à l'état de soupirant. Si la porte dérobée lui avait résisté, il avait vu s'ouvrir à deux battants celle du grand escalier, et l'estime lui faisait les honneurs du logis, comme l'avant-coureur d'un sentiment plus tendre. Loin que le mari fût jaloux. il sortait la plupart du temps en laissant sa clef sur la porte, de sorte que si les domestiques s'absentaient en même temps que leur maî-

tre, on entrait sans sonner et sans être annoncé. Le marquis ne s'en fît pas faute, un beau matin, où il apportait à la hâte une lettre de recommandation, que madame K. lui avait demandée la veille en faveur d'un de ses protégés, surnuméraire dans un ministère. Il s'arrêta au seuil de la chambre à coucher, en craignant qu'il n'y fit pas jour; mais ayant entendu parler, il avança résolument. Un spectacle imprévu le fit soudain reculer! Au lieu d'une toilette en désordre, et l'heure matinale n'en justifiait pas plus, il venait d'en surprendre deux, et la moins débraillée encore se trouvait celle du jeune surnuméraire en tête-à-tête, avec sa protectrice! Le plus confus des trois fut l'importun, qui s'esquiva, avec l'intention généreuse de faire comme s'il n'avait rien vu. Son embarras recommença pourtant aussitôt qu'il rencontra en ville madame K. qui essaya de s'excuser, et il ne put s'empêcher de lui dire : — Mais, madame, pourquoi donc pas moi? — C'est que je tiens trop à mes amis, répondit-elle avec une modestie qui valait bien l'absolution!

* Infortuné marquis! Il était encore d'âge à plaire; il avait un teint frais et rose, des

yeux vifs, des cheveux conservés, et de bonnes dents pour mordre à la pomme; mais on le trouvait déjà mûr, déjà père noble, avant son mariage, parce qu'il était doué d'un embonpoint qui annonçait l'obésité prochaine. Il mangeait trop pour inspirer de l'amour!

* Faut-il donc bien qu'un homme à bonnes fortunes, dans un pays où le ventre fait déroger, ressemble à L. F., le fécond auteur d'un tas de livres qui font vite oublier leurs titres? Le gaillard passe à juste titre pour laid, quoique assez grand et d'assez bonnes manières; nous croyons de plus qu'il se gorge de thé, car sa face en a la couleur et son genre d'esprit l'arrière-goût, sans l'arome. Son cher ami Vapereau fait naître L. E., en 1824; quelle adulation! Passe encore s'il s'agissait de madame L. E.; mais il y a du cosaque dans son mari, et du 1815 ou 1814.

* Ce n'est pas l'embarras, d'autres mandarins lettrés, parmi ceux que les femmes à tort ou à raison passent pour aimer, paient encore moins de mine que le précité — J. R., dit J. de P., aurait les jambes plus longues que le public ne s'en serait pas plaint, quand il jouait les jeunes premiers sur les plus petites scènes de Paris. Une femme ne l'en a pas

moins tiré de là, pour le débarbouiller autant que possible. Comme il y a des femmes malheureuses !

* Parlez-moi de ce blond fadasse, qui se rengorge, en mangeant depuis dix années, au café de Foy, la rente que lui a léguée la jeune et tendre madame de L.! C'est D., le sigisbé par excellence ; les maris courent après lui, aussitôt qu'un aventurier, incapable de persévérer, menace de compromettre leur femme en quelques jours. Le sigisbé est encore plus marié que les deux autres, dans un ménage à trois : la séparation de corps est moins possible avec lui que sans lui.

* Est-il rare, par le temps qui court, qu'on ne rougisse pas de faire son chemin par les femmes ? Tous les roués d'à présent se le sont plus ou moins permis. Nous en connaissons quatre qui, pour s'aider à vivre, ont oublié l'âge de certaine douairière, qui donnait de jolis bals, la baronne de G., et tous les quatre ont dû se rencontrer chez elle. L'un se faisait appeler B. de W. : on le croit directeur actuel d'une correspondance politique. Un autre est S., que les beaux yeux de sa sœur ont recommandé depuis à un ministre, qui l'a pour secrétaire général. Un troisième, le comte

de C., en vint à se conduire de telle sorte qu'on le raya du tableau des avocats; mais il n'était déjà plus temps pour le marquis d'A., un très-haut fonctionnaire, de lui refuser la main de sa fille : de là un fonctionnaire de plus, sans compter une génération nouvelle, qui ne sera pas moins à la charge de l'État. Un autre enfin, le nommé B., eut moins de chance en quittant la baronne, qui ne trouvait pas les premiers plus honnêtes : c'est en police correctionnelle qu'il a payé alors de sa personne.

* Un autre sieur B., qui a emprunté le nom de L. à sa ville natale, doit presque tout le reste à madame M. V. Comment accepta-t-elle pour danseur ordinaire ce jeune provincial, qui paraissait indécrottable, elle qui avait fait valser antérieurement l'auteur d'*Antony* en personne? Madame V. n'avait déjà plus le choix. Les charmes de la poésie sont exclusifs; ils en souffrent rarement d'autres, et madame V. était poète on ne peut plus. On ne lui parlait pourtant pas, tant qu'elle eut la moindre jeunesse, sans la trouver graduellement embellie, et il fallait encore la fuir à temps pour ne pas l'aimer tout à fait. Elle dressa E. L. comme cavalier-servant,

comme bibliothécaire et comme publiciste à la fois, en lui dénichant tour à tour des commissions à faire, des relations, des faveurs, des protections, des droits, des moyens de se faire imprimer, des opinions, des journaux petits ou grands, un titre, une place et finalement une croix. Aimez donc une jolie femme, après cela, et espérez un peu de son affection, de sa gratitude et de son dévouement, le demi-quart de ce qu'a fait un laideron, au cœur d'or, prodiguant l'indulgence et n'en demandant qu'un peu, pour qu'il y eut un clerc d'huissier de moins! La première fois tout juste qu'il cherche seul, voilà l'ingrat qui trouve à se marier! A cela près, il ferait mieux de s'appeler M. Valdor, puisqu'il lui faut pour vivre un pseudonyme. Mais comment nommerait-on sa femme?

* On comprend mieux que dans *Interlaken* Lefeuve déguise tous les noms des personnages vivants qu'il mécontente en nous racontant leur histoire. Méchant roman, dont le succès n'est dû qu'à de telles personnalités!

* Eugène Labiche et Lefeuve se trouvaient dans le cabinet de Camille Doucet, le lendemain de la première représentation de la

Considération. — Franchement, qu'en pensez-vous ? demandait l'auteur. — Ma foi, lni dit Lefeuve, ce sera un autre *Ami de la Maison.*

Or Labiche, une fois dehors, ne se gêna pas pour reprocher à Lefeuve d'avoir flatté le fonctionnaire public auquel ils venaient de rendre visite. Mais son ami lui répondit bien vite : — Prends-tu donc pour un compliment d'avoir mis sur le même rang deux pièces dont il est l'auteur ?

* Quand madame de P. fut sur le point d'aimer le duc de G.-C., son mari essaya de combattre cette passion naissante en se faisant lui-même nommer duc. La fille d'Ève ne succomba pas moins à la tentation, et il fut bruit de son voyage en Espagne avec G.-C. Quand l'accès fut passé, le mari dit de l'amant : — Nous portions pourtant le même titre. — C'est vrai, dit la nouvelle duchesse : mais on aurait bien dû vous faire entrer, vous aussi, dans l'ancienne noblesse.

* La princesse de la M., fille de Jacques Laffitte et mère de madame de P., donne dans d'autres travers, qu'il faut également pardonner. C'est par monomanie qu'elle vole, dans les magasins de nouveautés. Un domestique fort heureusement la suit et promet de

payer pour elle, ou de restituer la pièce d'étoffe ou de dentelles qu'elle a fait glisser sous son châle pendant que le commis lui en montrait une autre.

* Delangle, alors qu'il était ministre au département de l'intérieur, dormait plus mal qu'étant garde-des-sceaux. Les télégraphes eux-mêmes chômaient si peu que le veilleur de nuit placé à la porte du ministre n'avait qu'à se croiser les bras. Une nuit, entre autres, il ne lui fallut pas, pour tirer Delangle de son premier sommeil, moins de quatre avertissements, un de plus que pour un journal! Et de quelle dépêche s'agissait-il? Elle était conçue en ces termes : « Le *Cormoran* appareille pour Valparaiso. » Ce bâtiment n'avait à donner de ses nouvelles qu'au ministère de la marine ; on s'était donc trompé d'adresse. Delangle a si mal digéré ce cormoran qu'il en a pris en grippe le portefeuille de l'intérieur.

* Le même ministre tenait assez peu à sa place pour ne pas taire ce qu'il pensait de la campagne d'Italie, pendant que l'Empereur en personne y prenait le commandement. Jubinal, au contraire, faisait paraître dans le *Messager de Paris* une correspondance chau-

viniste, émanant de quelqu'un qui approchait l'auguste général en chef, et c'est pourquoi Delangle ne craignit pas de dire à Jubinal :

— Vous soutenez une guerre impie ; prenez bien garde à votre subvention.

* Badinguet ne déteste pas autant qu'on croit de tels accès d'indépendance. Lui-même a toujours excellé à dire oui en même temps que non sur toutes les questions de ce temps-ci, excepté une, qui pour lui ne fait pas une question. Il n'a cessé d'aimer la comtesse C., sa cousine, que le jour où il a cru voir qu'elle l'aimait trop.

* Il y avait en 1848 une certaine dame, G..... S....., fort connue dans le monde galant, qui avait la manie de se vêtir en homme. Elle avait l'habitude d'aller chaque soir chez Madame Henry, rue Richelieu, qui tenait une pépinière de jolies femmes. Elle s'y rendait avec autant d'ardeur que jadis Messaline au quartier des Esquilies.

La plus coupable d'entre ces deux femmes n'est certes pas Messaline. Que cherchait-elle? De la volupté. Ce que voulait notre chère dame était bien différent. Comme toutes les filles de Lesbie, elle aimait les fleurs, et, comme elles, elle préférait certains endroits pour les cueillir. Elle allait dans ce lupanar en faire une ample moisson ; puis, quand elle avait de ses lèvres humides effeuillé les roses flétries que portent à leur ceinture les filles de joie, elle partait heureuse et contente.

Tous les romantiques du temps se rappellent qu'elle fut surnommée le colonel des tribades, et que depuis ce titre lui est resté.

Aujourd'hui cette vieille dame écrit des romans où elle prêche la morale, car, grâce à ses amis, elle est devenue une des étoiles de la littérature ; en un mot, elle est une célébrité (1).

* En 1867... vers le mois de mars... M. le duc de Persigny invita chez lui Mlle Léonie L....., une des pensionnaires les plus aimées du théâtre des Variétés.

Cette actrice avait une petite fille, âgée de dix ans à peine, fort jolie et fort mignonne, qui promettait beaucoup pour l'avenir.

Qu'arriva-t-il ?...

Le petit Fialin, qui avait vu l'enfant, fit ce

(1) Elle est d'ailleurs une des actrices du *Gamiani*, ce livre aux scènes tribadiques dont l'auteur est LUI, son premier amant, Alfred de Musset.

jour-là des propositions à la mère... qui furent acceptées.

Le marché fut conclu et arrêté au prix de cinquante mille francs. Dès la semaine suivante, la pauvre petite servait de hochet aux appétits contre nature de l'ancien ministre.

* Quelque temps après la mort du duc de Morny, frère de Napoléon III, M. le comte Goyon, général de division, M. Rouher, ministre d'État, M. le duc de Cambacérès, grand-maître des cérémonies, M. Fleury, écuyer de l'Empereur, se rendirent tous quatre, comme un seul homme, dans un établissement situé boulevard Monceaux, qu'on appelait à la Cour : la *Griffe impériale.*

Là, dans un magnifique salon, préparé pour la circonstance, eut lieu une scène d'orgie et de débauche, comme il ne s'en fit jamais chez Lucullus, comme en vit jamais chez le Régent.

On y interpréta l'amour de mille façons, de mille manières, et sous les poses les plus diverses.

A Rome, on buvait du sang dans une coupe passée à la ronde, quand il s'agissait d'éprouver son courage ou de sceller quelque pacte; là-bas, dans ce bouge infâme, on y but du champagne dont on avait arrosé le corps de vingt prostituées.

* M. Leverrier, directeur de l'Observatoire, sénateur et membre de l'Institut, a été surnommé à tort le Christophe Colomb des comètes.

On lui a jusqu'à ce jour attribué une foule de découvertes qu'il n'a point faites et qu'il est incapable de faire.

Si la fortune vient des femmes, M. Leverrier doit savoir si c'est juste. Ce que l'on ignore à son égard, c'est l'objet qui lui a servi de marche-pied pour arriver à la renommée.

Avant d'avoir le poste qu'il occupe, il fut longtemps secrétaire de François Arago, qui l'initia aux secrets de la science astronomique. A cette époque, il venait d'épouser une forte femme, pleine de charmes, que les ans n'ont point respectés. Elle avait la stature et la corpulence de l'illustre Sempronia, la puissante mère des Gracques. Si elle n'a jamais dit comme la matrone romaine : « *Pueri mei sunt ornamenta mea,* » c'est que son époux en se palpant le front aurait pu dire autre chose.

François, appelé à voir souvent Mme Leverrier, et frappé bientôt de sa beauté, lui parla un soir en secret.

..... Ils ne tardèrent pas à se comprendre.

François ayant dans son sac quelques découvertes qu'il n'avait pas mises au jour, en gratifia son secrétaire devenu soudain son ami. En échange de ce bienfait, qui assurait à son époux un peu d'immortalité, Mme Leverrier accorda au célèbre astronome une nuit de voluptés.

* Au mois de mai dernier... deux dames de la Cour... Mme la comtesse de G..... et Mme la duchesse de P....., faisaient une promenade sentimentale dans la forêt de Fontainebleau.

Chemin faisant, elles rencontrèrent un âne qui broutait paisiblement. La comtesse, considérant les parties sexuelles de la bête, dit dans sa surprise extrême :

— Voyez donc, chère amie, comme cet animal est fort !

— Eh quoi ! reprit la duchesse, cela vous étonne ; mais mon mari est comme cela.

— Pas possible ?

— Je vous assure... Elle n'entre pas dans mon bracelet.

— En vérité, je ne puis vous croire... Mesurez donc... Nous verrons s'il y a une différence.

Ce qui lui fut dit fut fait. Aussitôt ces dames se mirent à l'œuvre. La comtesse saisit l'âne par la tête afin qu'il n'avançât pas, tandis que la duchesse ôta son bracelet et le fixa sur l'organe que vous connaissez.

Bientôt l'animal se raidit; ses sens furent éveillés; la duchesse s'en aperçut; elle voulut retirer le bracelet...

Impossible!

L'âne, délivré des douces étreintes de la comtesse, s'enfuit au galop.

Une fois sorties de leur torpeur, elles se dirigèrent du côté où était parti le voleur; et, après une heure de recherches infructueuses, elles retrouvèrent l'animal dans une maison voisine.

Elles racontèrent la chose au fermier qui s'empressa de restituer le bracelet.

* Le prince de Cammerata, était de tous les gentilshommes de la cour le plus aimé des femmes. L'Impératrice Eugénie se faisait remarquer par la préférence qu'elle lui accordait.

Dans une de ces fêtes, hélas! l'infortuné prince, ayant à son bras celle qui savait si bien l'accaparer, eut le malheur de lui dire : « Je t'aime!..... » L'insulte était publique... Aussitôt la comtesse de Théba, comme une couleuvre blessée, s'élança vers le conspirateur de Boulogne et demanda vengeance.

A l'instant même, le prince Cammerata fut livré au mouchard Zambo, exécuteur ordinaire des crimes de Napoléon ; il lui fit sauter la cervelle par derrière d'un coup de pistolet.

* Le comte de Glaves, jeune Espagnol, parent d'Eugénie de Théba, avait, rue de la Madeleine, un hôtel richement meublé, loge à l'Opéra et aux Italiens. Mesdames de Montijo, de Glimes, et la future impératrice des Français, étaient les commensaux assidus du noble Castillan.

On assurait dans le quartier que la comtesse de Théba y venait très-souvent seule et que, souvent, elle oubliait de s'en aller, quand venait le soir...

Après le mariage de la fille Montijo avec Louis-Napoléon, le comte de Glaves, en conduisant un quadrille échevelé aux Tuileries, tomba sur le parquet et se fractura le bras gauche. On transporta, par ordre de la jeune impératrice, le blessé dans une des chambres .... des rois de France.

La nuit suivante, Napoléon fut tiré de son sommeil de lion par le bruit de joyeux éclats de rire. Il se leva et se rendit dans l'appartement d'Eugénie.

Jugez de son effroi. Elle en était absente! Mortifié, colère, il prit son élan et parcourut en chemise tous les corridors du palais, en criant à tue-tête : Ousqu'es-tu, Eugénie? Ousqu'es-tu?

Dans sa course furieuse, il arriva tout à coup devant la chambre du comte de Glaves et y pénétra sans frapper. O surprise! O terreur! Il vit son épouse couchée à côté du blessé... et put se convaincre que tous les membres de l'Espagnol n'étaient pas fracturés.

Une heure après, un agent de police prenait de Glaves et le conduisait à la frontière.

Napoléon aurait dû se rappeler, quand il épousa Mlle Montijo, ces vers immortels :

> Et la garde qui veille aux barrières du Louvre,
> N'en défend pas les rois.

* La Patti était dernièrement en représentation à Bruxelles.

Le soir de la première — on jouait *Lucie* — un souper de quinze couverts fut offert à la Diva et à son époux, le marquis de Caux.

Le repas se fit à l'hôtel de Bellevue ; il fut splendide. — Parmi les propos tenus dans cette soirée, en voici un des plus drôles :

— Nous n'avons, disait le marquis, que 80,000 livres de rentes... et c'est peu !

— Comment, reprit un invité ; mais je trouve cela très-beau !

— Sans doute, si nous n'étions qu'Adelina et moi, cela pourrait nous suffire, mais nous sommes obligés d'en donner la moitié à la famille de ma femme... Il ne nous reste donc que 40,000 francs.

— Eh bien ! Et ce que la marquise gagne au théâtre ?

— Ah ! cela c'est différent !... C'est pour payer mes dettes !

O Marfori ! Il paraît que tu fais des élèves !

*On jouait un soir à la Comédie-Française une pièce nouvelle d'un auteur fort estimé. Rachel, comme toujours, avait le principal rôle. Toute la presse avait été convoquée pour la circonstance. Le docteur Véron, rédacteur alors du *Constitutionnel* (grâce aux 100,000 francs que lui avait prêtés M. Thiers), se trémoussait dans un fauteuil d'orchestre.

Après la représentation il se rendit dans la loge de Rachel pour la féliciter; puis, une fois que les importuns s'en furent allés, il lui demanda la permission de l'accompagner jusque chez elle. Elle accepta.

On monta en voiture, et une heure après on fut rendu à domicile.

Déjà Rachel se disposait à remercier le bon docteur, lorsque le coupé s'arrêta devant la demeure de Véron. En femme d'esprit, elle ne se fâcha point, mais elle tint au docteur ce langage : « Vous êtes fort habile, cher ami, j'en conviens ; seulement... vous savez... je n'ai pas l'habitude de me donner... c'est 5,000 francs.

C'était clair et c'était raide.

Le rédacteur du *Constitutionnel* consentit de bonne grâce.

Rachel ne pouvant lui accorder cette nuit-là, due à un vieux sénateur, lui promit la suivante.

Le lendemain elle prit 50 grammes de magnésie avant de se coucher ; Véron qui était venu avec l'espoir de goûter dans les bras de l'illustre tragédienne des voluptés infinies, passa une nuit affreuse, dans des draps où ne se firent point sentir les parfums de la rose.

* La sagesse des nations a dit : « Dis-moi « qui tu fréquentes, je te dirai qui tu es. »

Voyons donc les hommes que l'empire est parvenu à rallier à sa cause : nous connaîtrons peut-être alors quel degré de moralité il possède.

Se présente en première ligne le prince Jérôme Bonaparte, dont la nullité vaniteuse et lâche est renfermée tout entière dans cette épithète : « Plonplon ou Craintplon. »

Il y a quelques années, ce prince était le protecteur en titre de Mlle C..., une charmante actrice, qui l'aidait de toutes ses forces à coopérer à la prospérité de l'empire.

Malheureusement une liaison de cette espèce ne peut pas toujours durer, quel que soit le bien que la France en retire.

Mlle C... trouvait son amant *trop fade*, disait-elle ; *il fallait user envers lui de trop de ménagements* (sic). Ce fut ce qui décida la jolie actrice à s'engager pour la Russie dans une troupe ambulante. Elle était dans ce pays quand elle apprit le départ de Jérôme Bonaparte pour la Crimée.

— « Je ne l'eus jamais cru capable de cela, » répétait-elle à chaque instant.

Mais bientôt la nouvelle se modifia. On apprit que le prince avait la colique, ce qui était un prétexte plus que suffisant pour rebrousser chemin vers la France.

— « A la bonne heure! s'écria Mlle C..., je « reconnais là mon gaillard. Toutes les émo- « tions trop vives lui produisent le même « effet. »

On attribue aussi cette aventure à Rachel.

* Le retour du général prince Jérôme Napoléon, atteint d'une diarrhée sur le champ de bataille d'Inkermann, rappelle à notre souvenir de chroniqueur ce mot admirable attribué à un illustre sénateur : « Un Bonaparte, — dit-il à cette occasion, — doit mourir ailleurs que sur un pot de chambre! »

Ce fut probablement encore une impression de ce genre qui l'empêcha de se battre en duel avec le duc d'Aumale.

* Sous l'ancienne monarchie, Saint-Arnaud n'était pas précisément ce qu'il était sous l'empire. En ce temps, simplement garde du corps, sans prévoir entièrement la haute fortune qui l'attendait, il roulait déjà dans sa tête des idées d'ambition.

Un jour de grande cérémonie qu'il se trouvait de service auprès du trône, la majesté royale le frappa. Ces idées lui revinrent plus que jamais à la pensée, et en saisissant de suite le côté pratique, il crut ne pouvoir mieux faire que de s'approprier les glands du dais royal.

Une action semblable, celle qui illustre le plus le fameux Saint-Arnaud, ne pouvait trouver que peu d'imitateurs. Malheureusement, elle rencontra des jaloux. — Des rapports eurent lieu. — Le glorieux maréchal décembriste fut chassé honteusement des gardes du corps. Sa modestie courut se réfugier dans l'obscurité de la province; mais l'histoire, toujours juste, lui a décerné le titre de duc de Glandor.

* On a découvert depuis peu dans les *Documents secrets*, de très-singulières et très-curieuses lettres de MM. Octave Feuillet, J. Sandeau, Ponsard et Arsène Houssaye, remerciant Badinguet de l'envoi d'un exemplaire de la *Vie de César*.

Voici un extrait de la lettre de Ponsard :

« Le style de la *Vie de César*, ce style où
« César reconnaîtrait sa netteté et sa préci-
« sion, est bien propre à nous ramener au
« bon goût en montrant que le beau langage
« vient des fortes pensées. »

O. Feuillet s'exprime comme suit :

« Le souvenir que Votre Majesté daigne « m'adresser de sa main est un titre d'hon- « neur inappréciable pour moi et pour mes « enfants. »

Sandeau :

« Rien ne pouvait m'être plus doux que ce « souvenir de Sa Majesté. J'en suis touché « comme si j'en étais indigne; j'en suis fier « comme si je le méritais. »

Mais la palme appartient à l'archevêque de Besançon et celui-ci écrit :

« En lisant ce bel et étonnant ouvrage, j'ai « pensé que Jules César était bien heureux « d'avoir conquis les Gaules et composé ses « Commentaires; car, sans cela, l'Empereur « aurait fait l'un et l'autre. »

* Les deux billets suivants sont adressés à Conti, chef du cabinet de Badinguet.

« Paris, le 15 octobre 1869.

« CHER MONSIEUR,

« Je me noie en ce moment faute de quatre « billets de mille francs.

« Ah ! si vous pouviez faire parvenir mon
« cri d'angoisse jusqu'à l'oreille de l'Em-
« pereur !

« Recevez, cher monsieur, l'assurance de
« mes sentiments les plus distingués.

« ALBÉRIC SECOND. »

« CHER MONSIEUR,

« L'Empereur a daigné entendre et ac-
« cueillir mon cri de détresse.

« Faites, je vous en prie, que mon cri de
« joie et de reconnaissance parvienne jusqu'à
« Sa Majesté.

« Et croyez aux sentiments de haute con-
« sidération de votre dévoué serviteur.

« ALBÉRIC SECOND. »

Albéric Second était un des écrivains *indépendants* de la presse parisienne ! Quelle bassesse ! Quelle platitude !

* Après que Bonaparte-Badinguet eut assez joui de la chaste Eugénie, il revint bientôt à ses anciens péchés. Voici une petite histoire qui lui arriva et qui fit rire tout Paris en son temps : Il était devenu amoureux de la belle comtesse de C..... Celle-ci ne lui refusa

rien, et poussait le cynisme jusqu'à aller partager la couche vérolique de Badinguet. La vertueuse Espagnole apprit la chose : Outrée de dépit et de fureur, — l'amour n'était rien dans sa colère, — elle espionna la chose. Un beau soir, vers minuit, elle se présenta inopinément à la porte du quartier du maître, voulant ou lui parler, ou faisant la simagrée d'un autre désir. Grand émoi du chambellan de garde qui savait ce que faisait Louis en ce moment. Il n'était rien moins que couché avec la comtesse. Refus de l'honorable gardeur de la chambre à coucher, de laisser passer la rousse Eugénie. Celle-ci se fâche, *vivà dios!* elle lance au chambellan la plus belle paire de gifles qu'il ait jamais reçues, entre malgré tout et s'en vient frapper à la porte de César. La pauvre comtesse, surprise, n'eut que le temps d'enlever ses habits, et de s'enfuir en chemise par un escalier dérobé. Je vous laisse à penser la scène qui eut lieu entre l'Espagnole et son Corse, et de quel rire homérique éclata tout Paris, quand vint à s'ébruiter la chasse de nouvelle espèce organisée par la Badinguette!!... On ne plaignit que la pauvre comtesse.

www.ingramcontent.com/pod-product-compliance
Ingram Content Group UK Ltd.
Pitfield, Milton Keynes, MK11 3LW, UK
UKHW021222230726
13926UKWH00003B/1185

9 782014 443073